AF152440

BEI GRIN MACHT SICH IHR WISSEN BEZAHLT

- Wir veröffentlichen Ihre Hausarbeit,
  Bachelor- und Masterarbeit

- Ihr eigenes eBook und Buch -
  weltweit in allen wichtigen Shops

- Verdienen Sie an jedem Verkauf

Jetzt bei www.GRIN.com hochladen
und kostenlos publizieren

Franziska Schmidt

Sibylle Berg und die Liebe

Eine Analyse am Beispiel des Romans "Ein paar Leute suchen das Glück und lachen sich tot"

GRIN Verlag

Bibliografische Information der Deutschen Nationalbibliothek:

Die Deutsche Bibliothek verzeichnet diese Publikation in der Deutschen National-
bibliografie; detaillierte bibliografische Daten sind im Internet über http://dnb.d-
nb.de/ abrufbar.

Impressum:

Copyright © 2013 GRIN Verlag GmbH
Druck und Bindung: Books on Demand GmbH, Norderstedt Germany
ISBN: 978-3-656-41165-9

Dieses Buch bei GRIN:

http://www.grin.com/de/e-book/212759/sibylle-berg-und-die-liebe

Martin-Luther-Universität Halle-Wittenberg
Institut für Germanistik
Modul: Literaturgeschichte 19. Jahrhundert bis heute
Seminar: Die Schriftstellerin, Dramatikerin und Kolumnistin Sibylle Berg

Sibylle Berg und die Liebe
Eine Analyse am Beispiel des Romans
„Ein paar Leute suchen das Glück und lachen sich tot"

Franziska Schmidt

Inhaltsverzeichnis

1 Einleitung

„Der Mythos der einmaligen Liebe und die unerfüllbare, unglückliche, unmögliche oder gescheiterte Liebe sind oft ästhetisch inszeniert worden. Als kultureller Kommentar illustriert der Liebesmythos soziale Utopien bzw. soziale Ungerechtigkeiten […]; im privaten Schicksal der Liebenden äußern sich Hoffnungen und Erwartungen, Enttäuschungen und Täuschungen, eskapatische und geheime Sehnsüchte der Gesellschaft […]."[1]

Die Auseinandersetzung mit dem Motiv der Liebe findet sich seit Jahrzehnten in der Literatur. Schon im frühesten Mittelalter schrieben Autoren über das Gefühl, den Zustand oder das Unglück Liebe. Dabei hat sich bis heute die Struktur der Geschichten wenig verändert. Sie beschreiben Zustände von Tragik oder Glück, verwenden Gefühle wie Sehnsucht, Einsamkeit oder Angst und orientieren sich dabei an den gesellschaftlichen Umständen der jeweiligen Zeit. Die Gegenwartsliteratur thematisiert das Motiv der Liebe heute noch genauso oft wie es schon vor hunderten von Jahren in berühmten Werken der Romantik, der Aufklärung und des Sturm und Drangs zu finden war.

Auch Sibylle Berg setzt sich in ihren Romanen mit der Liebe auseinander und bedient sich dabei den üblichen Gefühlsklischees wie der ewigen Suche nach der wahren Liebe und dem vollkommenen Glück. Letzteres greift sie im Roman „Ein paar Leute suchen das Glück und lachen sich tot" auf. Hier geht es in erster Linie um die Suche nach dem ganz individuellen Glück. Die Protagonisten haben, jeder auf seine Art, persönliche Probleme, befinden sich in einer Lebenskrise oder sind unzufrieden mit sich und der Welt. Sie suchen Auswege und stoßen dabei auf unterschiedliche Ergebnisse. Im gesamten Roman wird deutlich, dass Sibylle Berg besonders auf die Problematik eingeht, dass Liebe oft mit dem vollkommenen Glück verwechselt wird und, dass für viele Menschen ein Leben ohne die große Liebe nicht mehr lebenswert ist.

Doch warum beschäftigt man sich auch heute noch so intensiv mit der Liebe? In ihrer Kolumne schrieb Sibylle Berg dazu: „Alles außer der Liebe ist überbewertet. Sie ist das Einzige, das die Menschheit vor dem Untergang

---

[1] Baackmann, 1995, S. 5.

3

bewahren kann. […] Es hilft keiner Sau, wenn wir uns alle das letzte Gefühl, das uns retten könnte, abgewöhnen."[2]

Berg geht davon aus, dass die Menschen ohne die Liebe oftmals hilflos und vor allem einsam wären. Die verschiedenen Schicksale ihrer Romanfiguren zeigen, von Sibylle Berg häufig sehr drastisch und manchmal auch bewusst übertrieben dargestellt, wie abhängig man von der Liebe sein kann und wie tragisch die Suche nach eben dieser enden kann.

„Ein paar Leute suchen das Glück und lachen sich tot" wurde 1997 veröffentlicht. Berg bot ihre Geschichte über 50 Verlagen an, erst der Reclam Verlag in Leipzig publizierte diese dann auch. Der Roman besteht aus 88 Episoden, bei denen jeweils im Wechsel ein anderer Protagonist in Erscheinung tritt. Die meisten Handlungen werden auktorial erzählt, jedoch finden sich auch innere Monologe. Die zehn Figuren des Romans kennen sich, sind familiär oder freundschaftlich miteinander verbunden. Jeder hat individuelle Probleme und Krisen in der Liebe und versucht diese auf seine Art zu bekämpfen. Nach und nach werden die Beziehungen zwischen den Romanfiguren enger und schließlich beeinflusst jeder das Handeln des Anderen.

In der folgenden Arbeit wird anhand des Debütromans von Sibylle Berg aufgezeigt, wie unterschiedlich Liebe wahrgenommen werden kann und welche Botschaft zur Liebe Sibylle Berg mit dieser Geschichte vermittelt.

---

[2] URL: http://www.spiegel.de/kultur/gesellschaft/sibylle-berg-ueber-liebe-und-partnerschaft-a-838662.html (02.03.2013).

2 Die Formen der Liebe

2.1 Die unerfüllte Sehnsucht

Die Sehnsucht nach Glück, Vollkommenheit, einem zufriedenstellenden Leben und der großen Liebe sind die zentralen Themen in Sibylle Bergs Roman. Ein Großteil ihrer Figuren ist unglücklich, meist mit seinem Liebesleben, und jeder versucht auf eine andere Art und Weise diese Sehnsucht zu stillen und der Einsamkeit zu entkommen. Sibylle Berg sieht die Liebe vor allem als Mittel gegen das von ihr oftmals thematisierte Elend auf der Welt- die gesellschaftlichen, finanziellen und gesundheitlichen Probleme mit denen wir täglich konfrontiert werden. „Jeder sollte einen haben, der ihn hält in der Nacht. Den er hält, um zu spüren, wozu das Leben da sein kann, das uns solche Angst macht."[3] Berg zeigt in ihrem Debüt, dass aber die Menschen, die sich in festen Beziehungen befinden, nicht zwangsläufig glücklich sind. Motive wie Einsamkeit oder Beziehungsroutine verschlimmern die Situation meist eher als sie zu verändern.

Mit Romanprotagonistin Vera zeigt Sibylle Berg zu Beginn ihrer Geschichte eine verheiratete Frau, die längst in ihrer Ehe verkümmert ist und sich nach Veränderung sehnt. „ [...] weil sie einsam ist und weiß, daß sie es bleiben wird. Noch viele Jahre."[4] Vera hat eine erwachsene Tochter, von der sie jedoch nicht viel mitbekommt. Ihr Ehemann Helge ist ein mäßig erfolgreicher Musiker, der Vera schon seit langem nicht mehr wahrnimmt. Vera zeigt im gesamten Roman wie unzufrieden sie nicht nur mit sich und ihrem Leben, sondern auch mit der Gesellschaft ist. Die Verbindung dieser vielen Frustrationen ist ein typisches Motiv, welches Sibylle Berg zum Ausdruck bringt. Und es wird deutlich, dass die Liebe ein Ausweg aus diesen Frustrationen sein kann. „Sicher ist Liebe idyllisch, [da es etwas ist,] das uns unsere Erbärmlichkeit vergessen lässt."[5] Romanfigur Vera versucht ihre Art der Frustration mit einem neuem Mann zu

---

[3] URL: http://www.spiegel.de/kultur/gesellschaft/sibylle-berg-ueber-liebe-a-854264.html (10.03.2013).
[4] Berg, 2008, S. 6.
[5] URL: http://www.umagazine.de/artikel.php?ID=510035 (10.03.2013).

bekämpfen. Sie weiß, dass ihr Ehemann Helge sie betrügt. „Ja, denkt Vera, er schläft […] jede Nacht mit einer anderen Frau […]."[6] Sie lernt den jungen Pit kennen und verbringt mit ihm eine Nacht, merkt danach jedoch schnell, dass ihre Verbindung eher einer Mutter-Sohn Beziehung ähnelt. Vera sieht die „Beziehung" aber als etwas Positives und Hilfe gegen ihre Einsamkeit. „So einen Menschen anfassen ist schön, denkt sich Vera, für einen Moment die Einsamkeit überlisten. Das ist, wie die Zeit anhalten und an nichts denken. Nicht an die Verantwortung, das Leben irgendwie sinnvoll hinzukriegen, nicht an die Angst, es doch nicht zu schaffen."[7] Vera und Pit verbringen noch weitere Nächte miteinander. Dabei reden sie jedoch nicht viel, da ihnen bewusst ist, dass ihr Leben nicht so verläuft wie sie es wollen und, dass das darüber reden die Probleme offen legt. Beide bekämpfen die Realität mit ihrer Beziehung. „[…] reden macht Wirklichkeit. […] Die beiden Menschen nebeneinander, die schweigen, und die Augen zumachen, um nicht sehen zu müssen, was für sie Wirklichkeit ist."[8] Vera kann durch die Beziehung mit Pit ihre Sehnsucht nach einem besseren Leben verdrängen und scheint für kurze Zeit zufrieden, auch wenn ihr die traurige Realität bewusst ist. Pit und Vera verreisen zusammen nach Amerika und verbringen dort mehr Zeit miteinander. Vera scheint sich in Pit verliebt zu haben. Mit dieser Art von Beziehung beschreibt Sibylle Berg eines ihrer Botschaften zu einer modernen Liebesbeziehung. „Das stereotype Bild, das Frauen im Kopf haben ist: Er muss größer, erfolgreich und dunkelhaarig sein. Das sagt natürlich nichts über ein elementares Wohlbefinden mit einem anderen Menschen."[9] Vera scheint sich auch mit dem jungen, erfolglosen und komischen Pit zu verstehen. Später findet sie jedoch immer mehr Negatives an ihm und verlässt ihn. Zuhause muss sie feststellen, dass ihr trostloses Leben nun wieder weitergeht. Die Einsamkeit kehrt zurück und schließlich lernt sie einen neuen Mann kennen. „[…] Vera hatte sich ja vorgenommen, einen Menschen anzufassen."[10] Schließlich bleibt Vera allein und findet ihr

---

[6] Berg, 2008, S. 26.
[7] Berg, 2008, S. 66.
[8] siehe ebd., S. 79.
[9] URL: http://content.stuttgarter-nachrichten.de/stn/page/2285038_0_9223_-sibylle-berg-im-interview-liebe-ein-armes-vergewaltigtes-wort-.html (10.03.2013).
[10] Berg, 2008, S. 159.

persönliches Glück. „Worum es geht, ist doch einfach nur, etwas zu lieben. Egal ob es Milchkaffee oder Zigaretten sind. Es ist egal, was einer liebt."[11] Sibylle Berg zeigt anhand von Vera, dass man vom Leben manchmal zu viel erwartet und nutzt das Motiv der Sehnsucht in ihrem Falle positiv, indem sie ihre Protagonistin auf den Weg zu ihrem persönlichen Glück bringt. Auch wenn es dabei nicht immer die perfekte Liebesbeziehung geben muss. „Liebe ist so ein armes vergewaltigtes Wort, dem ich ein wenig von seiner Aufladung nehmen wollte. Sicher ist Liebe, das Aufgehobensein bei jemandem, etwas, das einem unbedingter Halt sein kann im Leben."[12]

Zwei weitere Romanfiguren, bei denen Sibylle Berg das Motiv der Sehnsucht thematisiert, sind Ruth und Karl. Die beiden älteren Menschen, die einsam sind, schließlich zueinander finden, aber dennoch unglücklich bleiben. So unglücklich, dass Ruth zuerst Karl und dann sich tötet.

Ruth lebt allein in einem Altenheim und langweilt sich täglich. Sie hatte mehr von ihrem Leben erwartet und sich das alt werden anders vorgestellt. „Und so richtig klasse wäre es, dachte ich immer, daß mir im Alter die meisten Geschichten egal wären. Liebeskummer, Cellulite und so was."[13] Die Hoffnung auf ein besseres und spannenderes Leben hat sie nie aufgegeben. Sie ist der Überzeugung, dass ein Mann in der Lage wäre, sie aus ihrer Lethargie zu befreien. Sie lernt Karl kennen und geht mit ihm eine Beziehung ein. Karl jedoch findet Ruth zu alt und interessiert sich eher für junge Frauen. Auch mit dieser Art von Beziehung greift Sibylle Berg wieder die Thematik der Sehnsucht nach Liebe auf der einen Seite und das sexuelle Verlangen im Gegenspiel dazu, auf der anderen Seite, auf. „Und Karl, der Ruth schon irgendwie sehr gern hat, aber sie einfach nicht begehrt [...]."[14] Mit den Romanfiguren Ruth und Karl zeigt Berg ein Beispiel zur Problematik mit der Liebe im Alter. Doch genau diese gehört nach ihr heute zu zentralen gesellschaftlichen Themen. Sibylle Berg kritisiert in einer ihrer Kolumnen, dass zerstörerische Bild des Älterwerdens. Man hätte den Eindruck ewig jung bleiben zu müssen um so

---

[11] Berg, 2008, S. 192.
[12] URL: http://content.stuttgarter-nachrichten.de/stn/page/2285038_0_9223_-sibylle-berg-im-interview-liebe-ein-armes-vergewaltigtes-wort-.html (10.03.2013).
[13] Berg, 2008, S. 11.
[14] siehe ebd., S. 69.

auch in der Liebe noch realistische Chancen zu haben. „Das Altern liefert dem Menschen den perfekten Grund seinen Hass auf sich mit voller Wucht auszuleben."[15] Karl bestätigt diese Ansicht, da er offen gesteht, dass er mit der „alten" Ruth nichts anfangen kann und lieber eine jüngere Frau hätte. Genau dies wird ihm jedoch zum Verhängnis, denn Ruth nimmt das nicht einfach hin und verletzt Karl so schwer, dass er stirbt. „Karl, der nicht mit Ruth schlafen wollte. Karl, dessen Bauch hing und der einen künstlichen Arm hatte. Karl, dem Ruth zu alt war. Und der ihre letzte Liebe gewesen war. Karl, der Ruth nicht geliebt hatte."[16] Ruth kann mit der erneuten Einsamkeit nicht umgehen und begeht schließlich Selbstmord, obwohl sie dies noch in ihren letzten Momenten bereut. Mit der Beziehung von Ruth und Karl liefert Sibylle Berg ein extremes Bild der Sehnsucht nach Liebe im Alter, vor allem von Seiten Ruths und verdeutlicht gleichzeitig ihre Ansicht, dass das Älterwerden nicht schlimm ist. „Weil mir die Jugendverliebtheit auf die Nerven fällt. Weil man nicht tot ist, wenn man sechzig ist."[17]

Ein weiteres Extrem der Sehnsucht nach Liebe zeigt sich bei Romanfigur Nora. Sie ist die Tochter von Vera und Helge, erwachsen und magersüchtig. Sie reist allein nach Spanien um endlich ihre große Liebe zu finden.
Mit ihrer Magersucht bekämpft Nora das Alleinsein. „Mit einem Ziel ist keiner alleine, weil ja dann neben dem Menschen immer noch das Ziel da ist."[18] In Spanien angekommen verbringt Nora einige Nächte mit fremden Männern, empfindet dabei jedoch keine Zuneigung oder Liebe. Sie lässt den Sex über sich ergehen und verdrängt dabei ihr Unglück. Später lernt sie in Barcelona dann Thomas kennen, einen jungen Mann, bei dem sie auch ein enormes Desinteresse zeigt. Schließlich entwickelt sie eine Beziehung zu ihm, die nur auf sexueller Ebene beruht und Noras Einsamkeit bekämpft.

---

[15] URL: http://www.zeit.de/online/2007/36/sibylle-berg-altern?from=rss (11.03.2013).
[16] Berg, 2008, S. 88.
[17] URL: http://content.stuttgarter-nachrichten.de/stn/page/2285038_0_9223_-sibylle-berg-im-interview-liebe-ein-armes-vergewaltigtes-wort-.html?_skip=1 (11.03.2013).
[18] Berg, 2008, S. 8.

2.2 Sex als Liebesersatz

Dass Sex ein Mittel gegen die Einsamkeit sein kann und gleichzeitig als Liebesersatz dient, zeigt Sibylle Berg im Roman an vielen ihrer Protagonisten. In Zeiten der unverbindlichen Affären, der offenen Beziehungen und der Käuflichkeit der Frauen, scheint es immer einfacher zu werden das Alleinsein zu verdrängen. Veras Ehemann Helge tritt jeden Abend in einer Bar auf, spielt Klavier, jeden Abend die gleichen Lieder. Diese Routine stört ihn. Grundlegend findet Sibylle Berg Routine nicht schlimm: „Unser Leben besteht aus Routine. Ohne Routine würden die meisten von uns verrückt werden. Wer will sich und sein Leben denn täglich neu erfinden?"[19] Gleichzeitig kann sie in einer Beziehung aber auch zu einer Belastung werden. So wie bei Vera und Helge, die nach langer Ehe nur noch aneinander vorbei leben. Helge sieht sich täglich mit der Routine in seiner Beziehung und in seinem Job konfrontiert. Aus dieser versucht er auszubrechen, indem er mit fremden Frauen schläft und sich dafür auch bezahlen lässt. „Alle haben mir bis jetzt Geld gegeben. [...] Nicht weil ich es brauche. [...] Nein, ich nehm das Geld, weil es konsequent ist. Wenn ich schon nichts anderes hinkriege, dann will ich wenigstens konsequent Scheiße bauen."[20] Der Sex mit den fremden Frauen ist der anscheinend einzige, noch sinnvolle, Ausbruch aus dem Alltag für Helge.

Auch wenn Vera und Helge schon viele Jahre verheiratet sind, scheint es für ihre Ehe keine Hoffnung mehr zu geben. Sibylle Berg definiert die Ehe als: „[...] genauso unnütz wie eine Taufe. [...] Die Ehe ist keine Garantie, die Liebe wird durch den formalen Akt nicht stärker. [...]"[21]

Auch Helges und Veras Tochter Nora scheint sich der gefühllosen Liebe hinzugeben. In Spanien lernt sie, nach einigen kurzen Erlebnissen mit Männern, Thomas kennen. Zu ihm baut sie eine reine Sex-Beziehung auf, die sich als sehr masochistisch erweist. „Nora weinte. Und auf einmal machte es ihr Spaß, den Jungen zu schlagen. Sie kniff ihn. Und schlug ihn mit der Peitsche [...]."[22]

---

[19] URL: http://www.umagazine.de/artikel.php?ID=510035 (11.03.2013).
[20] Berg, 2008, S. 20.
[21] URL: http://www.focus.de/gesundheit/gesundleben/partnerschaft/beziehung/tid-27091/die-geheimnisse-einer-gluecklichen-ehe-viele-verwechseln-sex-mit-liebe_aid_798192.html (12.03.2013).
[22] Berg, 2008, S. 75.

Schließlich wird Nora in ein Krankenhaus eingeliefert, „[…] weil sie sich die Pulsadern aufgeschnitten hatte. Weil Nora überdies noch böses Untergewicht hatte und vermutlich einen Dachschaden […].“[23] In der Klinik lernt sie Tom kennen, der sich gerade von seiner Freundin Bettina getrennt hat und sein Glück, ebenso wie Nora, in Spanien sucht. Für die ewig nach Liebe suchende Nora scheint sich eine völlig neue Möglichkeit zu bieten, die erstmals nicht nur auf sexueller Ebene stattfindet.

Toms Ex-Freundin Bettina ist ein weiteres Beispiel der einsamen Frau, die mit Sex das Alleinsein kompensiert. Sie schläft mit einem Mann, dessen Name nie genannt wird. „Immer wieder will ich eigentlich keinen Sex, sondern etwas anderes. Jede Nacht haben wir Sex und nichts anderes. Danach schläft der Mann.“[24] Tagtäglich hofft Bettina darauf, dass der Mann sie liebt, so wie sie ihn zu lieben scheint. Schließlich sieht sie sich mit dem Problem konfrontiert, dass sie durch den Sex, genau wie Nora oder Helge, nicht kompensieren konnte, der Einsamkeit. „Ich hoffe auf etwas, von dem ich weiß, daß es nicht passieren wird. Ich habe keine Ahnung, wie das aufhören soll.“[25]

Die sexuellen Beziehungen der Berg'schen Figuren zielen klar darauf ab, die Einsamkeit jedes Einzelnen zu bekämpfen. Für Sibylle Berg selbst ist diese Art der Zweisamkeit: „[…] völlig überbewertet.“[26]

Wieder wird das Bild, Liebe sei unverzichtbar, Romantik aber überflüssig, von Berg untermalt. Sie projiziert mit den „Verzweiflungstaten“ von Nora, Bettina oder Helge die Botschaft in ihrem Roman erneut nach außen, dass die ewige Sehnsucht nach der wahren Liebe den Alltag eines Jeden im extremsten verändern kann. Dass gerade die Bilder der Fernseh,- Kino, oder Werbewelt, uns Romantik und die perfekte Beziehung vorspielen, die meist nicht real und völlig überzogen ist. Sibylle Berg zielt klar darauf ab uns von diesem Bild zu lösen. „Diese ganze Romantikkiste halte ich für manipulative Werbeideen. Sei gesund, fit, gebräunt, kauf dir Wellnessurlaube und Champagner: Das ist Romantik. Ich glaube, wenn wir dieses überstrapazierte Wort benutzen wollen,

---

[23] Berg, 2008, S. 84.
[24] siehe ebd., S. 153.
[25] siehe ebd., S. 155.
[26] URL: http://www.umagazine.de/artikel.php?ID=510035 (12.03.2013).

dann würde ich es nur im Zusammenhang mit der Atemlosigkeit verwenden, die die Freude der Ruhe mit einer geliebten Person beinhaltet."[27]

2.3 Die wahre Liebe?

Auf die Frage, woran man die große Liebe erkennt, sagte Sibylle Berg in einem Interview: „Wenn man nicht zu sehr mit Kitsch abgefüllt ist, erkennt man den richtigen Menschen daran, dass man sich nicht verstellen muss, sich nicht beim Reden hört, beim künstlichen Lachen. Dass man keine Angst hat, als Rohmaterial nicht zu genügen. Und: Dass man selber für den anderen fühlt. Mit großer Zärtlichkeit."[28]

Gibt es sie, oder gibt es sie nicht? Die wahre Liebe. Zwei Berg'sche Romanfiguren scheinen ihre Liebe am Ende doch noch gefunden zu haben. Zumindest scheint dies anfänglich so.

Nora, die im Krankenhaus Tom kennenlernt, fühlt sich anfangs glücklich, doch als Toms Ex-Freundin Bettina auftaucht, scheint Noras Welt zusammenzubrechen. „Da war diese Frau, und sie war alles, was Nora nicht war […]."[29] Tom hingegen hat anfangs Zweifel an seiner Liebe zu Nora, schließlich aber, trotz Bettinas Besuch, ist er sich sicher, dass er in Nora seine große Liebe gefunden hat. „Er war aufgeregt und freute sich auf Nora. Er würde ihr alles sagen, daß er sie liebt und daß er sie nie aus seinem Leben gehen lassen wollte […]."[30] Bei einem Autounfall stirbt Tom und hat so keine Chance mehr, Nora seine ehrliche Liebe zu gestehen. Nora weiß nichts von dem Unfall und wartet vergebens auf Tom. Sie spürt, dass er nicht mehr zu ihr zurückkommen wird und bringt sich schließlich selbst um.

Es ist schwer zu interpretieren, warum die vielleicht einzige Liebesgeschichte des Romans, die hätte positiv enden können, schließlich doch ein tragisches Ende fand. Sibylle Berg setzte auf Mittel wie Verzweiflung, Einsicht, Glück und Trauer zugleich. Sie setzt ihre Figuren bewusst unter psychischen Druck und lässt sie regelrecht verrückt werden vor Unverständnis und Sehnsucht.

---

[27] URL: http://www.umagazine.de/artikel.php?ID=510035 (20.03.2013).
[28] siehe ebd.
[29] Berg, 2008, S. 177.
[30] siehe ebd., S. 191.

sie greift den extremen Zynismus beim Ende der Geschichte von Nora und Tom wieder auf. Schließlich sterben alle ihre Romanfiguren bei der Suche nach dem Glück und eben der großen Liebe. Einzig Veras Einsicht, dass man auch allein glücklich sein kann, „bewahrt" sie vor dem Tod. Ist vielleicht genau dieser Ausgang der Geschichte bewusst von Sibylle Berg herbeigeführt? Um zu suggerieren, eine ewige Suche macht nicht glücklich. Dass man sich mit bestimmten Situationen lieber abfinden sollte, statt nach dem Großen und Besten zu streben. Berg ist eine Verfechterin der Liebe, stellt aber auch immer klar, dass es die perfekte Beziehung nicht geben kann und auch nicht geben muss. „Ich will dich heiraten, weil ich es verbindlich möchte. Ich möchte nicht erklären müssen, warum ich dich heiraten will. Du bist meine Familie, du bist der Mensch, der die Welt für mich erträglich macht, der eine, auf den man sich beziehen kann, der einem Halt gibt und Sinn, in diesem Leben, in dem wir doch alle einen Sinn suchen - in Karriere, Religion, Hobby oder dem Geld."[31]

Die Verbindlichkeit einer Beziehung oder Ehe macht aber eben aus den Figuren in Sibylle Bergs Roman meist unglückliche Wesen. Sie suchen verzweifelt jemanden, der ihrem Leben Sinn gibt, statt es auch allein zu versuchen. Vielleicht ist es der Versuch Sibylle Bergs zu sagen, dass uns die eine wahre Liebe nicht immer glücklicher macht, aber vielleicht macht sie das Leben einfach leichter.

---

[31] URL: http://www.spiegel.de/kultur/gesellschaft/sibylle-berg-ueber-liebe-a-854264.html (21.03.2013).

3 Fazit

In einem Interview wurde gegenüber Sibylle Berg geäußert, dass Liebe nichts Besonderes sei. Ihre Reaktion darauf war: „Es ist besonders! Einen zu finden, der einen erträgt, und einen zu ertragen, ist besonders."[32] Im Roman zeigt Berg fast alle Facetten einer modernen Liebe. Ihre Protagonisten sind seit Jahren verheiratet, ewig Single, frisch verliebt oder haben Affären. Für jeden bedeutet Liebe etwas anderes und jeder geht mit dem Bedürfnis danach anders um. Sibylle Berg präsentiert eine radikale Sichtweise und verdeutlicht wie schnell etwas Schönes zu Ende sein kann oder etwas Schlechtes uns in den psychischen Ruin treibt. „Nach einhundertachtzig Seiten hat die Debütantin ihr Personal mit beachtlicher Konsequenz beiseite geschafft."[33] Der Zynismus, mit dem sie das Leben der Einzelnen beschreibt, überspitzt die Situationen und zeigt gleichzeitig den Ernst der Lage. „Was dieses knappe Dutzend Zeitgenossen eint, [...] ist ihre verstümmelte Sprache, ist das dumpf tönende Selbstmitleid und die Unfähigkeit, einen klaren Gedanken zu fassen."[34]

Bergs Ansichten zur Liebe sind polarisierend und doch manchmal alltäglich. Sie misst der Ehe keine besondere Bedeutung zu, findet es aber wichtig einen Menschen an seiner Seite zu haben und hält eine Hochzeit für sinnvoll, wenn: „[man] das feste Gefühl [hat], dass [man sich] von diesem Menschen vermutlich sehr lange nicht trennen [will]."[35]

Bei der Thematik in Bergs erstem Roman fällt ein klares Muster auf. Das typische Muster der Frauenliteratur: „Frauenliteratur [...] gilt als leicht erkennbar: Sie ist von Frauen geschrieben und handelt von dem, was Frauen beschäftigt, nämlich Mütter, Männer, Kinder. Keine Karrieren, keine große

---

[32] URL: http://www.umagazine.de/artikel.php?ID=510035 (21.03.2013).

[33] URL: http://www.faz.net/aktuell/feuilleton/buecher/rezensionen/belletristik/rezension-belletristik-sind-so-kleine-koepfe-11315330.html (23.03.2013).

[34] siehe ebd.

[35] URL: http://www.focus.de/gesundheit/gesundleben/partnerschaft/beziehung/tid-27091/die-geheimnisse-einer-gluecklichen-ehe-viele-verwechseln-sex-mit-liebe_aid_798192.html (23.03.2013).

Erfindungen oder Weltentwürfe. Es geht um Erfahrungen; oder, geben wir's zu, um Beziehungen […].“[36]

Schon in ihrem Debüt zeigt Sibylle Berg alle Facetten ihrer Ansicht zur Liebe. Sie vermittelt einen zwiespältigen Eindruck und bringt diesen mit extrem angespannten und überspitzten Geschichten zum Ausdruck. Sie lenkt ihren Leser klar in die Richtung, dass es sich nicht lohnt den Ansprüchen der Gesellschaft an die Liebe immer gerecht zu werden und dass, das, was in den Liebesromanen und Romantikfilmen gezeigt wird, nicht zwangsläufig unser Leben bestimmen sollte.

„Liebe ist das, was bleibt.“[37]

---

[36] URL: http://www.zeit.de/2000/34/200034_l-frauen.xml (24.03.2013).
[37] URL: http://www.umagazine.de/artikel.php?ID=510035 (24.03.2013).

4 Literaturverzeichnis

Primärliteratur:

Berg, Sibylle: Ein paar Leute suchen das Glück und lachen sich tot, Stuttgart, 2008.

Sekundärliteratur:

Baackmann, Susanne: Erklär mir Liebe, Hamburg, 1995.

Internetquellen:

Alt, Isabella: Die Geheimnisse einer glücklichen Ehe (13.08.2012), online unter URL:
http://www.focus.de/gesundheit/gesundleben/partnerschaft/beziehung/tid-27091/die-geheimnisse-einer-gluecklichen-ehe-viele-verwechseln-sex-mit-liebe_aid_798192.html [22.03.2013].

Berg, Sibylle: Liebe ist alles, sonst ist alles nichts (16.06.2012), online unter URL: http://www.spiegel.de/kultur/gesellschaft/sibylle-berg-ueber-liebe-und-partnerschaft-a-838662.html [02.03.2013].

Berg, Sibylle: Revolution gegen die Evolution (08.09.2012), online unter URL: http://www.spiegel.de/kultur/gesellschaft/sibylle-berg-ueber-liebe-a-854264.html [10.03.2013].

Berg, Sibylle: Wer will da noch leben? (26.09.2007), online unter URL: http://www.zeit.de/online/2007/36/sibylle-berg-altern?from=rss [11.03.2013].

Döbler, Katharina: Beschreiblich weiblich, online unter URL: http://www.zeit.de/2000/34/200034_l-frauen.xml [10.03.2013].

Guhlich, Anne: „Liebe- ein armes vergewaltigtes Wort" (20.11.2009), online unter URL: http://content.stuttgarter-nachrichten.de/stn/page/2285038_0_9223_-sibylle-berg-im-interview-liebe-ein-armes-vergewaltigtes-wort-.html [10.03.2013].

Rusche, Juliane: Romantik ist Bullshit, online unter URL: http://www.umagazine.de/artikel.php?ID=510035 [06.03.2013].

Spiegel, Hubert: Sind so kleine Köpfe (08.10.1997), online unter URL: http://www.faz.net/aktuell/feuilleton/buecher/rezensionen/belletristik/rezension-belletristik-sind-so-kleine-koepfe-11315330.html [23.03.2013].